Manual de la Realidad

Guía para Descubrir de lo que somos capaces

Armando Aguirre.

A <u>mis</u> hijos…
Realidades de quienes aprendo más de mi, cada día.

A mis Hermanos,
Compañeros incondicionales en este tránsito.

A mis amigos,
Quienes me han rescatado en mis naufragios

A Martín Aguirre.

…La peor creencia es creer saber…

…" La realidad es creada por la mente; podemos cambiar
nuestra realidad cambiando nuestra mente" …
Platón

La realidad es un escenario que cubre desde los nano-espacios hasta los espacios siderales. Lo cual nos permite colocarnos en puntos de vista tan amplios que pueden frustrarnos en nuestro afán de vivir.

En este momento como nunca, la humanidad está expuesta a medias verdades, especulaciones, opiniones y cualquier desinformación posible. Las redes sociales y la virtualización (representación aparente de la realidad) nos muestran un mundo alterado mezclado con historias y fantasías, así como escenarios forjados que nos confunden y nos inducen visiones que parecen reales sobre las cuales tomamos decisiones personales, profesionales y comerciales, andando, como ciegos bajo la dirección de "alguien" que "parece" documentado o de alguna manera "investido" con algún conocimiento o poseedor de la respuesta que buscamos para actuar o tomar una decisión.

El Manual de la Realidad, no persigue ser otra fuente de confusión sumada a nuestro paisaje de vida, predicando "la verdad" de las cosas. Este trabajo tiene por finalidad despertar la inconformidad del lector ante la inminente avalancha de buenas y malas intenciones que hay en cada historia que nos llega y en la superficialidad que las soporta. Es una invitación a NO CREER a primera vista, a cuestionar y a verificar antes de hablar y propagar, a callar, escuchar y esperar por más información antes de precipitarnos a ser los "voceros" de la estupidez.

He querido compartir estas ideas y conceptos, mi propia inquietud ante la inocencia mal informada de personas adultas de la misma manera que se comparte el software libre, como piezas conceptuales reusables y en evolución, revisadas con extrema atención desprendiéndome en lo posible de mis creencias y prejuicios, profundizando cada día en cada meditación y en las acciones que desde la consciencia y la inconsciencia rigen mi vida y mi presencia humana.

No es un libro filosófico, es un manual. Como tal está concebido para apoyar el aprendizaje en la obtención de nuevas destrezas, ¿cuáles? La de la reflexión permanente ante las situaciones que día a día se presentan y la de la prudencia ante la subestimación precipitada del conocimiento sistemático.

Es un ensayo escrito desde las vivencias, y me disculpo si aquí se tropiezan conceptos o planteamientos que los filósofos tan profundamente han documentado o expuesto desde hace muchos años. Lo escribo bajo la convicción de que ES un documento necesario en esta época y en la inmediatez de la avalancha tecnológica, donde cada día será más fácil caer en las redes de las creencias creadas con fines comerciales, y *donde el respeto por el individuo antes del colectivo cada día es más escaso*.

Espero también que pueda ayudar a otros a vincularse en una forma más sana con la vida como realidad y las variadas formas en que se presenta.

Aceptarme como individuo, ser vivo, animal, humano, educado, ejerciendo roles distintos cada vez, descubriendo la riqueza de la adaptación, la maravilla en la "justa dimensión de las cosas", aprender a responder mejor cada día, ser mejor humano, ser mejor conmigo mismo, tocar mis raíces fundamentales, mis emociones, mis creencias, mis contradicciones y mis miedos; esta ha sido la tarea que me ha mantenido vivo en mis peores momentos.

Construirme desde mi presencia diaria con una mayor consciencia no ha sido posible sin afrontar la realidad cara a cara, desplazándome deliberadamente desde mi mundo de creencias hacia otras instancias, evidentes para muchos e invisibles para otros, todo en medio de este sacudido y vertiginoso mundo con los atropellos de la ignorancia que "cree" saber y que se impone con maravillosos recursos técnicos y financieros a todo aquel que se exponga a un dispositivo electrónico.

Es la realidad, la suya y la mía, con todas sus variantes, esa exacta y multifacética realidad la que guía este trabajo.

Este manual es una propuesta de reflexiones orientadas a que cada lector se "auto cuestione" en sus creencias y descubra debajo de ellas los elementos incuestionables que le faciliten vivir a plenitud y obtener de cada momento una oportunidad para el crecimiento "espiritual" y "material".

Es una propuesta para encontrar y sobre todo ACEPTAR las cosas como son y no como las creemos, para, desde ese punto construirnos en un ecosistema humano más balanceado, respetuoso y correcto en consonancia con estos tiempos.

Que este documento sea un manual sin extenderse en la retórica filosófica que tan profundo tema inspira, es un reto para suplir referencias breves y directas que nos ayuden a desarrollar un criterio abierto pero escéptico y balanceado para tomar decisiones mejor sustentadas y convenientes por más tiempo.

"Las Soluciones de hoy son los problemas del mañana"
Bruce Sterling

"Nunca es triste la verdad. Lo que no tiene es remedio"
Joan Manuel Serrat.

"La realidad es solo una mancha de Rorschach ya conocida"
Alan Watts.

ADVERTENCIA
del autor:
Esta LECTURA
SOLO es
RECOMENDADA
PARA PERSONAS
QUE HAYAN
VIVIDO MÁS DE
TREINTA Y
CINCO AÑOS

¿Qué es la Realidad?

Realidad (Rae.es)
f. Existencia real y efectiva de algo.
f. Verdad, lo que ocurre verdaderamente.
f. Lo que es efectivo o tiene valor práctico, en contraposición con lo fantástico e ilusorio.

La realidad es todo lo que ocurre, aunque no estemos presentes y se evidencia con hechos repetibles en cualquier contexto y tiempo.

La realidad es lo que existe, y para cada uno de nosotros sólo existe si nuestra mente lo interpreta.

La realidad es el conjunto de factores y elementos de los cuales se sirve nuestra mente para comprender el espacio que ocupa nuestra vida y nuestra existencia.

La realidad es el nivel más elevado de la consciencia y su meta final.

La realidad es relativa al contexto y al sistema utilizado para identificarla.

La realidad está compuesta por las cosas como existen, explicadas según un sistema formal y certificado de percepción.

Nuestro contacto con la realidad es limitado

La realidad es la reconstrucción en nuestra mente del escenario que ocupamos.

La realidad existe, aunque no podamos percibirla, pero para accederla necesitamos hacer contacto con ella.

El contacto con la realidad se hace a través de la consciencia

El contacto con la realidad se produce desde nuestro sistema de percepción hasta nuestra consciencia.

La realidad es lo que es y NO lo que QUEREMOS que sea

La realidad es lo que es y NO lo que CREEMOS que es

¿Por qué debemos entender la realidad en esta época?

Aprender a identificar la realidad nos ayuda a obtener una dimensión más apropiada de cualquier situación.

Los seres humanos estamos subordinados a creencias, prejuicios, juicios y conceptos que muchas veces no están sustentados apropiadamente.

Frecuentemente al presentarse una situación o conocer una persona, de inmediato la relacionamos con algo conocido, algo familiar, todo con el objetivo de "entender mejor" esa situación o persona. Esto nos lleva a hacer conjeturas sobre ese algo o alguien.

Esa acción es lo que llamamos prejuicio (juicio previo).

El juicio previo, entrega a nuestra mente un escenario supuestamente "manejable", "predecible" y "controlable", tres elementos muy atractivos para el ser humano. Pero ese escenario no es real o exacto, sin embargo lo asumimos y tratamos de reforzar nuestra idea de la situación induciendo en otros nuestra "opinión" (o nuestro prejuicio) como el correcto, a fin de reforzarnos como los "conocedores a priori" de la realidad del evento y por ende "poseedores de la verdad", esta situación la vemos a diario en los autollamados "Influencers" personas que con poca o ninguna formación certificada pretenden (y lo logran) afectar a un grupo de personas que por alguna razón gustan o necesitan creer, incluso en elementos tan delicados como la salud o ciencias.

En complemento a los prejuicios está la valoración que damos a las cosas, personas o situaciones, sin considerar que esas cosas o situaciones no tienen el mismo valor para todas las personas en el mismo momento.

Hacer juicios de valor es uno de los hábitos más comunes en cualquier sociedad y estudios han analizado con seriedad estas experiencias (efecto Dunning-Kruger) demostrando que basado en su ignorancia un individuo tiende a sobreestimar sus propias aptitudes.

Muchas veces podemos observar que aquel que sabe más de un tema, tiene menor disposición a discutir, mientras que el que "cree saber" hace el mayor esfuerzo por convencer a los demás.

Las discusiones más enconadas e infértiles suelen ser las referidas a las creencias, cuales quiera que estas sean, guerras se desprenden de esto, crímenes, venganzas y profundas injusticias pueden levantarse desde una discusión por creencias diferentes; al final la realidad se impone sin ningún esfuerzo, porque la realidad NO es discutible.

¿Cómo es la realidad?

La realidad es el conjunto de cosas, elementos o situaciones que existen aún sin la participación del ser humano.

La realidad es INOBJETABLE, incuestionable: La realidad ES.

La realidad adquiere significados una vez que la percibimos, hacemos contacto con ella o interpretamos sus efectos.

La consciencia es la interfaz que nos revela la realidad, y en esto radica la importancia del entrenamiento sistemático de la consciencia.

La consciencia es nuestra capacidad de conocernos y reconocernos en distintos escenarios, desprendidos de creencias y prejuicios. Acercándonos al entorno desde nuestra mente, haciendo contacto con las distintas instancias que conforman nuestro ecosistema y hábitat.

Si nuestra percepción de la realidad es inexacta, si nuestra consciencia no es calibrada y/o entrenada para acercarnos con mayor certeza a la realidad, nuestras decisiones y acciones serán imprecisas, vagas o inapropiadas.

Nuestras acciones son la materialización de nuestros pensamientos y afectan a otros.

La consciencia es el medio para acceder la realidad.

Como seres humanos nos servimos de un lenguaje o varios y para definir las cosas de manera que otros las perciban de manera similar; nos entendemos porque compartimos conceptos, definiciones, expresiones y un innumerable de variantes que describen nuestras experiencias.

La realidad hace sentido común al ser CERTIFICADA por la ciencia y el conocimiento, esto permite crear el espacio para la evolución colectiva.

Entrenar la percepción de la realidad, requiere disciplina y un compromiso muy elevado con la ausencia de juicios y prejuicios.

Las cosas que componen la realidad SON lo que SON y NO lo que creemos que son.

Las cosas que componen la realidad SON lo que SON y NO lo que QUEREMOS que sean.

Decir "silla" levanta una referencia en nuestra mente basada en el lenguaje y lo que significa la palabra "silla" como representación de lo que ES una silla.

Las cosas "tangibles" son, si se quiere, sencillas de asumir como reales, especialmente si las tenemos frente a nosotros y podemos palparlas o medirlas, pero si pedimos una "silla", (en español) alguien podría traer una silla para montar caballos en lugar de un objeto para sentarnos.

Al momento de leer esta línea, una gota de agua está saltando en las cataratas del Niágara, una ballena está nadando en el pacífico, la grama del parque está creciendo silenciosamente, usted acaba de pestañear y sin duda alguna el aire fluye hasta sus pulmones al compás que dicta su diafragma y su corazón demanda. Aun más, en este instante en el espacio millones de astros ocupan algún lugar en el universo, el sol arde y su luz proyecta sombras de todo lo que está a su alcance.

Todo eso ES real.

Pero no estamos ocupados en estas cosas, la mayoría de ellas está fuera de nuestro alcance o de nuestra capacidad de afectarlas, algunas de ellas nos afectan, otras ni siquiera podemos imaginarlas.

Por ello podemos explicar la realidad como una estructura de múltiples capas que podemos identificar desde nuestra mente hacia afuera.

En un mismo instante distintos factores coinciden en nosotros y se entrelazan ofreciéndonos una percepción del instante. Es nuestra capacidad de enfocar nuestra atención (colocar más de un sentido en un punto focal) lo que nos hace presentes en un instante y nos confirma el contacto con "esa instancia" de la realidad.

Nuestra percepción de La realidad es un constructo similar a ella que elaboramos en nuestra mente a partir de los elementos suplidos por nuestros sentidos y nuestras experiencias previas.

Basados en esa premisa y a los efectos de este manual, llamaremos realidad a ese constructo similar a la realidad con el que modelamos nuestra vida.

Desde dentro de nosotros y hacia fuera, desde nuestros pensamientos y nuestra consciencia las instancias de la realidad pueden ser descritas como sigue:

Realidad Orgánica

La primera instancia de la realidad es la orgánica. La de nuestro cuerpo. Un sistema compuesto de órganos funcionando armónicamente aun cuando no tenemos consciencia alguna de su complejidad funcional química y física.

Primero Palpitamos.

Desde el momento de nuestra concepción, las células palpitan y este pulso luego se convierte en los latidos del corazón. Nuestro cuerpo vibra continuamente a este ritmo, la evidencia de ello es nuestra vida.

Luego respiramos.

Al nacer se introduce en nuestra vida otro ritmo, el flujo continuo de aire hacia dentro y fuera de nuestros pulmones

y que entrega oxígeno a nuestras células para sostener
nuestra vida.

Otras vibraciones se suman a nuestra realidad orgánica
mientras vivimos. Caminar, por ejemplo, aporta otra
vibración y otro ritmo a nuestra cotidianidad, hablar,
cantar, reír, son también vibraciones en nuestra realidad.

La segunda instancia de la realidad es la que percibimos a través de nuestros cinco sentidos. Esa es la REALIDAD FUNDAMENTAL.

La Realidad Fundamental es personal, determinada por la participación individual y conjunta de nuestro sistema de percepción (5 sentidos) y la calidad de éste.

La Realidad fundamental puede ser alterada, dependiendo de la calidad de cada uno de nuestros sentidos. Cuando descubrimos una falla estructural en alguno de los sentidos este está supliendo datos inexactos a nuestro sistema de consciencia y con ello una distorsión en la nuestra percepción de la realidad. (daltonismo, sordera)

Aun cuando varias personas compartan un mismo evento, la percepción de este puede ser diferente dependiendo de nuestras aptitudes sensoriales y la homologación tácita de los sentidos. La sensibilidad hacia el frío o calor puede ser relativa a la tolerancia que cada cual tiene de ese evento.

Realidad Segmentada
(Por sentido)

Cuando colocamos nuestra atención en uno solo de nuestros sentidos, podemos profundizar al máximo en lo que percibimos. Desarrollar la atención en un segmento de la realidad nos permite agudizar nuestra capacidad de valorar cada instante de manera apropiada.

Cada sentido tiene una función básica y "normalmente" no se cruzan las funciones de los sentidos, no oímos por los ojos u olemos por los oídos.

Profundizar en la percepción exclusiva de cada insumo de información y en la función de cada sentido, nos permite refinar y disfrutar cada evento de vida, cada momento, y de esa manera, reforzar nuestra consciencia.

La percepción de la realidad, entregando la atención a un sentido a la vez es lo que llamamos realidad segmentada.

Realidad Compuesta
(Sentidos combinados)

Cada sentido captura un mismo evento de manera selectiva de acuerdo con su función y competencia. La confirmación de un evento por más de un sentido le otorga credibilidad en nuestra mente.

Si escuchamos un sonido, buscaremos ver qué lo produce y eso reducirá el espacio de incertidumbre, luego podríamos tocar, oler o incluso saborear lo que produce el sonido.

Cada uno de nuestros sentidos en nuestro sistema de percepción, es (al menos) bifuncional, nuestros órganos funcionan mecánicamente cumpliendo su objetivo y en complemento, nuestro sistema de percepción nos entrega datos que nuestra mente recibe y procesa de manera inmediata para construir una imagen de lo percibido.

En complemento a respirar, olemos, en complemento a ver, observamos cosas, en complemento a oír, escuchamos y aun más decodificamos lenguajes. Sumamos insumos con los cuales armamos LA REALIDAD a nuestro alcance.

Órgano	Función	Percepción
Nariz	Respirar	Oler
Ojos	Ver	Observar, mirar
Boca	Captar alimentos	Saborear
Piel	Cambios ambientales	Sensaciones
Oídos	Oír	Escuchar

Realidad Contigua

Cuando interviene nuestra mente, nuestra consciencia, nuestro lenguaje, podemos encontrar la realidad de los pensamientos, producida por nuestra mente de manera contínua y libre, sin estructura alguna basándose en los insumos que dispone en cualquier momento.

Nuestra mente tiene la función de producir pensamientos, de manera permanente y contínua.

Los pensamientos son el producto de reacciones electroquímicas en nuestro cerebro, respuestas a estímulos externos percibidos por nuestros sentidos (Extracepción), o internos generados por nuestras emociones u órganos (Intracepción). Nuestros pensamientos son producidos de manera contínua por nuestra mente, esa es la función de la mente. Los pensamientos son incluso creados por nuestros temores o estado físico.

Una misma situación puede ser procesada de distinta manera por nuestro cerebro dependiendo de los nutrientes disponibles en nuestro organismo, es bien sabido que los pensamientos son afectados por el nivel de azúcar en la sangre al igual que el nivel de colesterol afecta la capacidad de resolver ciertas situaciones cotidianas.

De igual manera una misma situación puede devenir en una crisis o en una experiencia de crecimiento, dependiendo de la manera en que logremos administrar nuestros pensamientos y emociones en un momento.

La exactitud en nuestros pensamientos, su aproximación a la realidad percibida, sin las distorsiones de nuestros temores o falsos conceptos nos ayudará a accionar de manera proporcional a la situación.

Realidad Conceptual

Es la realidad que suponemos cierta basados en nuestro conocimiento, hechos y aprendizaje, es la evidencia técnico-científica disponible y conocida por cada cual y sobre la que nos apoyamos para CERTIFICAR cualquier evento.
Nos otorga propiedad para el manejo compartido de la realidad y nos permite la comunicación en base a acuerdos lingüísticos o jerga técnica.

Es una realidad contextual ensamblada cuando damos estructura a los pensamientos basados con certeza en un contexto, objetivo específico o en los hechos.

Realidad Científica

Es la instancia de la realidad que podemos manejar desde el conocimiento científico. Es tan profunda y compleja como el conocimiento que tenemos y manejamos. A veces tan inalcanzable que se hace inútil a los efectos finitos de este manual.
La realidad científica abarca desde la realidad cuántica hasta la realidad astrofísica, extremos intangibles para los seres humanos sin aparejos científicos, en estos extremos es inexplicable, a veces inaccesible.

Realidad Alterada

Se parece a la realidad conceptual, pero los conceptos que maneja tienen poca o ninguna evidencia científica o empírica certificada.

La realidad alterada satisface nuestra curiosidad y se usa para justificar algunas de nuestras acciones.

Las creencias son la raíz de la realidad alterada, y con frecuencia es esta realidad la que controla nuestras acciones.

Se dice que el ser humano no actúa desde lo que sabe, sino desde lo que cree.

Realidad Social

Es la realidad que se impone por nuestra convivencia en el hábitat humano, con sus reglas construidas sobre la base de la existencia, supervivencia, comodidad, convivencia, y en general cualquier factor o acuerdo (explícito o tácito) que acote de una manera u otra nuestro comportamiento y nuestra vida.

Está íntimamente ligada con nuestra cultura e historia, con los factores que nos permiten relacionarnos con personas compartiendo contextos similares

La realidad social se soporta en una amplia base de conceptos en común y sólo existe en escenarios compartidos con otros seres humanos.

Las leyes son sólido ejemplo de la realidad Social, al igual que la cortesía.

Realidad Material

La realidad material es posiblemente la más sólida e indiscutible evidencia de la realidad, las cosas MATERIALES son REALES.

Está conformada por los hechos y las cosas que podemos medir, que existen de manera tangible y comprobable en cualquier contexto y tiempo en el planeta tierra.

La fuerza de gravedad es evidencia de la realidad material.

En español se suele utilizar la palabra REAL para ciertas monedas o en general para el dinero, y esto hace distinción entre lo que parece dinero y lo que ES dinero REAL.

Realidad Virtual

La realidad virtual es la instancia de la realidad, que se crea de manera artificial mediante el uso de plataformas tecnológicas.

Son escenarios simulados de la realidad expuestos a nuestra mente mediante el uso de accesorios y dispositivos electrónicos creados para tal fin.

Es un punto de atención importante pues cada día estamos más imbuidos en tecnologías que nos "Cuentan" cosas que parecen realidad y estas tecnologías son cada vez más efectivas en convencer nuestros sentidos algo que NO ES REAL

La realidad virtual nos entrega escenarios FALSOS y cada vez más convincentes de ser reales, y nuestra mente está expuesta a estos escenarios, produciendo reacciones en nuestro cuerpo con la misma intensidad que cuando estamos soñando o incluso viviendo una experiencia real.

El uso apropiado de estas tecnologías ayuda a crear terapias de rehabilitación emocional o física más eficientes y apropiadas, podría ayudarnos a controlar nuestras fobias y miedos, así como a tratar los trastornos postraumáticos.

Realidad Aumentada

La realidad aumentada utiliza recursos tecnológicos para combinar la percepción de la realidad material con las capacidades de procesamiento de los computadores, entregándonos aproximaciones alteradas de la realidad complementadas con información.

Basados en el objetivo para el cual la estemos usando y la información disponible para ese fin, la realidad aumentada nos ofrece una versión más completa e inmediata de la realidad y sus componentes.

Esencialmente bajo la óptica científica la realidad aumentada debería facilitarnos, en tiempo real, la información (data procesada e inteligible) que necesitamos para tomar decisiones más convenientes y oportunas a cualquier tema que nos ocupe.

Si comparamos la realidad aumentada con la visión ofrecida por una simple lupa, ésta sólo nos ofrece una percepción "aumentada" del objeto observado, sin aportar información a ese objeto, la realidad aumentada nos aportará de manera inmediata la imagen y la información que necesitemos del objeto observado.

Como parte de la realidad social, la humanidad ha creado escenarios que sin ser "reales" determinan la evolución y la vida en el planeta tierra.

La realidad comercial, es el entramado de objetos y transacciones que nos ocupan como elemento de referencia para crear bienestar y comodidad bajo una perspectiva común como seres humanos.

La realidad comercial es uno de los factores más influyentes en nuestra vida cotidiana y comprenderla, aprender sus reglas y asumirlas, es tan importante como lo fue cazar para comer en las primeras sociedades humanas.

¿Es el dinero REAL?

Con seguridad en nuestra sociedad responderemos que SI, considerando su utilidad "universal". Pero si nos encontrásemos en el medio de una selva o un desierto posiblemente el dinero, aunque real, no sería útil, necesitaríamos otros elementos para sobrevivir, para negociar con otros o con el entorno.

La moneda es una representación de valor acordada en la sociedad para hacer negocios, con sus fundamentos históricos accesibles en distintas fuentes (no es parte de este trabajo extendernos en este tema), sin embargo, en la entramada red de elementos de esta época, será eventualmente importante estar consciente y distinguir qué ES REAL y qué NO ES REAL respecto al dinero. Cuál es la oferta que "parece real" y qué es dinero real que nos brinde el soporte para vivir siendo aceptado legal y comercialmente.

El dinero virtual, criptomonedas y cualquier variante son escenarios que la humanidad está creando ingeniosamente para transar comercialmente y cualquier especulación respecto al destino de estas "monedas" es prematura, sin embargo, debemos aceptar que nuestra sociedad esta permeada a este nuevo elemento y esto demanda documentarnos al respecto como si fuese una realidad.

Realidades Paralelas

Parte de la intención de este manual es sensibilizarnos para identificar la instancia de la realidad que nos ocupa en un momento específico, para de esta manera utilizar los recursos mentales y físicos más convenientes. Si pretendemos utilizar un paracaídas en el océano de seguro no nos será útil ni conveniente. Cada momento estamos expuestos a variantes de la misma realidad y nuestra atención puede simplemente cambiar de una a otra realidad tal y como cambiamos de una frecuencia a otra en una radio.

Cada escenario de realidades demanda destrezas específicas para desempeñarnos de la mejor manera posible. La ineptitud para enfocarnos en la realidad de manera apropiada nos demandará 'extra' recursos y tiempo valiosos, y peor aún nos puede entregar resultados poco ventajosos. Es como si quisiéramos correr cuando requerimos nadar o viceversa, el medio, el ambiente en el cual nos desempeñamos demanda los recursos apropiados y nuestra atención, nuestra consciencia es quien nos mostrará de qué manera prepararnos para resolver apropiadamente cada situación.

La mayoría de nosotros somos afectados por nuestras emociones y de hecho nuestras acciones y respuestas se desprenden de la interpretación que hacemos de cada situación bajo el filtro de las emociones.

Las emociones han sido segmentadas en dos grupos: Emociones básicas y Emociones complejas.

Las emociones básicas son aquellas consideradas como puras, elementales e identificables de manera inmediata por su manifestación física. Algunos estudios proponen cuatro emociones básicas, otros proponen seis o siete y luego otros sostienen que podrían ser hasta ocho.

Las emociones básicas no pueden ser descompuestas en otras emociones.

University Of Glasglow	Paul Ekman	Robert Plutchick
Alegría	Alegría	Alegría–Disfrute
Tristeza	Tristeza	Tristeza
		Confianza
Miedo/Sorpresa	Miedo	Miedo
		Sorpresa
Rabia/disgusto	Rabia	Tristeza
	Sorpresa	Disgusto
	Disgusto	Rabia

DISTINTAS CLASIFICACIONES DE LAS EMOCIONES

Las emociones Complejas son, como lo sugiere su nombre, emociones básicas combinadas y en las condiciones normales de nuestra vida pareciera que estas son las más comunes. Cuando estamos tristes, es posible que estemos ante un escenario combinado de rabia, tristeza y frustración o cualquiera de esas emociones invita a las otras dependiendo de nuestras costumbres hábitos y creencias.

¿Sabemos cuántas emociones están actuando en nosotros en este instante?

¿Puede usted ahora mismo identificar con claridad qué siente (emocionalmente)? ¿Cuál o qué combinación de emociones cohabitan y/o gobiernan este instante para usted?

Dependiendo de nuestra ubicación emocional, nuestra interpretación de nuestro escenario de realidad podría ser profundamente distorsionado y con ello las respuestas a las situaciones desproporcionadas o inadecuadas.

Es menester exponernos voluntariamente desde la consciencia a vivir las emociones, para conocerlas, registrarlas e identificarlas mejor, en nuestra cotidianidad.

Un ejercicio que nos ayudará en este proceso es identificar experiencias que hemos tenido en nuestra historia personal, en las cuales hemos vivido a plenitud y sin duda alguna las emociones básicas.

¿Puede usted recordar en este momento alguna situación muy alegre y reconstruirla en su mente con gran intensidad hasta sentirse completamente imbuido en las sensaciones físicas que se manifiestan en usted?

¿Puede reír y mientras lo hace identificar las sensaciones que le llenan en esa situación?

¿Puede guardar para sí, estas sensaciones?

¿Puede hacer esta práctica con otras emociones básicas?

Al igual que recorremos un sendero nuevo, al principio nos parecerá remoto o complicado, mientras más lo hagamos, será más fácil y rápido usarlo con efectividad para resolver cada situación más convenientemente.

Consciencia

Como ya dijimos, la consciencia es nuestra capacidad de conocernos y reconocernos en los distintos contextos que ocupamos.

La consciencia es como un puente que facilita el acceso de la realidad a nuestra mente.

Estar consciente, implica hacer conexión con el momento presente y con la instancia adecuada de la realidad que nos circunda.

Aunque cada uno de nosotros es UN ser vivo autónomo, nuestro desempeño en los distintos escenarios que habitamos no siempre es, ni debe ser igual.

Cuando nos metemos al agua, nuestro cuerpo está expuesto a un medio diferente que demanda diferentes condiciones de nosotros, caminar no es más útil que flotar, bajo el agua no podemos respirar.

Pretender comportarnos de igual manera en un medio que en otro, nos pone en desventaja ante la vida.

Aceptarnos como animales, mamíferos, educados, cultivados, entrenados y capaces de aprender y cambiar nos permite asumir cada nueva experiencia desde la realidad y es la consciencia el canal que nos permite esa experiencia.

La consciencia es el punto de conexión entre las instancias de la realidad

¿Cómo nos conocemos y cómo nos reconocemos en nuestro hábitat?

Aprendiendo a estar presentes.

Estar presente es identificar la instancia de la realidad que nos demanda nuestro presente absoluto entregando nuestra atención mediante el enfoque de todo nuestro aparato sensorial y mental sobre esa instancia, entregando a nuestra mente la capacidad de absorber, procesar, comprender y responder al momento y situación.

Más aún el enfoque pleno de nuestros sentidos en un momento e instancia, redimensiona nuestra relación con ese momento, lo hace irrepetible.

La realidad compuesta es la instancia de la realidad en que nos enfocamos para sensibilizar nuestra aptitud de estar presentes.

Estamos presentes cuando somos capaces de colocar todos nuestros sentidos en alguna instancia de la realidad

La Consciencia en ejercicio es Presencia.

La Verdad

Verdad (Rae.es)
Del lat. verĭtas, -ātis.

1. f. Conformidad de las cosas con el concepto que de e
llas
forma la mente.
2. f. Conformidad de lo que se dice con lo que se siente
o se piensa.
3. f. Propiedad que tiene una cosa de mantenerse siem
pre
la misma sin mutación alguna.
4. f. Juicio o proposición que no se puede negar raciona
lmente.
5. f. Cualidad de veraz.
6. f. Expresión clara, sin rebozo ni lisonja, con que a al
guien se le corrige o reprende.
U. m. en pl. Cayetano le dijo dos verdades.
7. f. realidad (|| existencia real de algo).

Técnicamente la verdad no es universal. Es individual.

La verdad es la parte de la realidad que somos capaces de relatar, para ello nos servimos de códigos.

Comúnmente usamos el lenguaje como código para exponer la verdad.

La verdad está expuesta a nuestras creencias y es afectada por estas.

La verdad está expuesta a nuestras emociones y es afectada por estas.

Verdades compartidas entre varios seres humanos, semejan la realidad, pero la realidad será la realidad, aunque las verdades compartidas sean o no coincidentes con ella.

La realidad es, aunque no sea relatada.

Los Hechos

Los hechos son la evidencia de la realidad.

Son indiscutibles.

No debemos confundir los hechos con "el relato de los hechos"

Cuando una situación se nos presenta como un hecho debemos profundizar en los hechos hasta donde los recursos disponibles nos permitan, de manera que los hechos y su certificación nos permitan aprender y actuar de manera evolutiva.

Los hechos no son correctos ni incorrectos, son el resultado tangible de acciones sobre la realidad y la absoluta evidencia de ella.

La Realidad Material está compuesta de hechos.
La ciencia es aliada de los hechos.
Las creencias distorsionan el relato de los hechos

Debemos ser cuidadosos en diferenciar
los hechos, de la verdad como relato de
los hechos.

Según la real academia de la lengua española:

Creencia. (De creer)

F. Firme asentimiento y conformidad con algo.
F. Completo crédito que se presta a un hecho o noticia
como seguros o ciertos.
F. Religión o doctrina

Las Creencias son la magia de la vida.

Vivir es una cadena de eventos básicos y simples: Nacer, crecer, reproducirse(eventualmente) y morir.

Así es para cada ser VIVO.

No hay nada más que eso.

Si esta última frase le parece cruda, desagradable o injusta para la vida es porque usted CREE en algo más y para ello; existen las creencias.

Para el ser humano, vivir sin creer en algo es una tarea extremadamente difícil, las creencias tienen la virtud de ser libres, infinitas, individuales y tan encantadoras como nos lo permita nuestra imaginación.

Aunque eventualmente compartimos puntos de vista similares respecto a algo en lo que creemos lo importante es que, al igual que la realidad, las creencias pueden tener sus propias instancias y no necesitamos pruebas para justificarlas. Las creencias son de libre elección y nos otorgan cierta licencia para tratar de influir en otras personas, para orientar o pretender inspirar, pero también para manipular y mentir a las personas que sean vulnerables, ignorantes o ilusos.

Conocí un hombre quien, con cierta conmoción, me contó como de niño, un grupo de muchachos de su vecindario, lo vieron jugar a "supermán".

Con una capa corría felizmente por su calle disfrutando la magia de ser un supermán de cinco años. Los muchachos en la primera oportunidad que tuvieron le tomaron el juego y con toda la "inocente maldad" que suele caracterizar a los niños, reforzaron sistemáticamente la creencia del pequeño superhéroe, explicándole que la única razón por la cual no podía volar era porque no estaba convencido de ello, no creía con suficiente fuerza en su capacidad de volar.

Él absolutamente vulnerable quiso creerles y en su pequeña mente construyó un escenario tan fuerte y sólido como puede hacerlo un niño de cinco años. Los chicos del vecindario lo convencieron de que tan pronto como su creencia fuese lo suficientemente fuerte él volaría. Sólo era necesario estar lo suficientemente alto y lanzarse sin ninguna sombra de duda.

Le sugirieron como plataforma un tanque de agua que surtía a la zona, la altura era de unos tres metros (cerca de nueve pies). Ahora con la suficiente altura y la absoluta convicción de que volaría lo iba a lograr. Sólo fallaría si abrigaba alguna duda, si no creía con suficiente fuerza se desplomaría irremediablemente.

El día llegó, los muchachos estaban allí para incitarlo y él luego de dos semanas creía al cien por ciento que volaría.

Totalmente conmovido, casi llora al contarme con cuánta convicción se lanzó, sin siquiera poner sus manos al salir proyectado con todas sus fuerzas desde el tanque y cuánto sufrió su familia al rescatarlo casi muerto.

Por fortuna se recuperó físicamente y hoy día es un ser humano maravilloso, sin embargo, fue víctima temprana de sus creencias.
¿Está el sabio dispuesto a morir por lo que sabe tanto como el necio a morir por lo que cree?

Posiblemente NO.

El que se nutre de la realidad, no necesita agotarse demostrándola, vive en armonía con ella, la acepta y se adapta, saca provecho de ella, la respeta: evoluciona.

Pero necesitamos creer.

Dar brillo a los colores y con ellos transmitir emociones, dar otros sentidos a las palabras, razones a la vida, maravillarnos ante la creatividad, los paisajes, la música. Creer que la vida es un evento mágico que se nos brinda en cada suspiro. Creer en nosotros, máquinas biológicas en capacidad de interactuar con el ecosistema, con el clima, con los otros seres humanos. Conmovernos con la poesía, descubrir la vida y la esperanza en la mirada de un niño, compadecernos ante el infortunio de otros. Amar.

El amor es la creencia madre, almácigo de virtudes innumerables, de belleza inmensurable, de felicidad infinita, de esperanza permanente, pero las virtudes que muestra el amor son los intolerables defectos del desamor.

Porque pasa, el amor pasa. Se renueva, se redescubre, se reinventa.

Y nos renovamos si nos acercamos a la realidad para abonar el amor; si reconocemos qué instancia de la realidad ocupamos en cada momento y cuáles son los recursos con los que nos administramos para responder a la vida.

¿Debemos administrar nuestras creencias?

Si.

No podemos saberlo todo y no debemos creer que podemos saberlo todo.
No debemos creer en cualquier fuente de "información".

No debemos confundir nuestras creencias con la realidad.

No podemos subordinarnos ciegamente a lo que "queremos creer", a lo que complace nuestras fantasías.

Debemos educarnos, cuestionar, diseccionar cada situación, replantearnos en qué creer y en quién creer, obtener fuentes certificadas que nos suplan información confiable, buscar continuamente.

Las "wiki" enciclopedias y las fuentes digitales sólo son referentes superficiales NO CERTIFICADOS apropiadamente. Debemos ser muy cuidadosos al tomarlas como referentes definitivos y confiables para decisiones importantes en nuestra vida.

Debemos alimentar nuestra capacidad de ser conscientes, de validar cada momento. Debemos creer principalmente en nosotros, en nuestra capacidad de buscar CONOCIMIENTO y obtenerlo, y luego de tenerlo USARLO, aceptándonos para evolucionar, para reconocer nuestras aptitudes y limitaciones.

El conocimiento es el filtro de las creencias.

El más sólido común denominador a qué y quién creer eres TU y estarás contigo hasta el día de tu muerte, no te conformes con lo que te dice algún "influencer" ni te hagas eco de lo que él cree, es posible que haya vivido menos que tú, pero sea más convincente, atrevido o hábil al exponer sus relatos, es posible también que tenga sus propios intereses comerciales.

El mundo de hoy nos expone a falacias tan creíbles que es imposible no confundirse. Redes sociales y mercadeo digital, Influencers "auto engañados", creyentes con vocación de convencer y creyentes con capacidad de hacerlo, creyentes convencidos que sus creencias serán buenas para los otros y por ello dispuestos a propagarlas y hasta imponerlas. Muchos de los referentes de hoy son figuras públicas vacías y sin formación humana, sin sentido de su responsabilidad con su existencia y seguidores, hedonistas superficiales, oportunistas exponiendo verdades parciales o ficticias y aparentando una felicidad y buen vivir muy cuestionables.

¿Es un "influencer" lo suficientemente sabio para influir la vida de otras personas, para propagar sus creencias como verdades y hacerlas parecer realidad?

La consciencia es el canal que vincula la realidad con nuestra mente, y nuestra mente es un sofisticado computador orgánico procesando de manera contínua todos los datos suplidos por nuestros sentidos, interpretándolos, evaluándolos, mezclándolos con nuestros pensamientos, conocimientos y emociones. Respondiendo o reaccionando a cada situación, nuestra mente NO se detiene nunca, esa es la función de la mente; fabricar pensamientos mientras mantiene nuestra fisiología operativa, luego nuestra voluntad los traduce en acciones a partir de los insumos que recibe.

La consciencia es nuestra capacidad de conocernos y reconocernos en cualquier ecosistema o situación, de lo cual debemos suponer que la consciencia se nutre de todo nuestro conocimiento y autoconocimiento para generar acciones. Pero la consciencia también se alimenta de nuestras creencias y emociones, conocernos y reconocernos implica hacer cara a nuestras aptitudes y nuestras limitaciones, aceptar lo que somos con la mayor honestidad posible y desde ese autoconocimiento actuar a favor de nuestro derecho a ejercer la vida.

La mente no es un circuito estático, es la conjunción dinámica de nuestros pensamientos y nuestro cerebro, cientos de millones de neuronas activándose de manera contínua.

En el área de procesamiento de datos se maneja una premisa básica de acuerdo con el concepto elemental

"GIGO" (del inglés *"Garbage IN, Garbage OUT"* basura entra, basura sale, esto para indicar que si los datos a procesar no son correctos, inevitablemente los resultados serán incorrectos, en las inteligencias artificiales, tan populares hoy día, uno de los elementos fundamentales es diferenciar eficientemente la INFORMACION del RUIDO que la acompaña para poder procesar y producir resultados "confiables" de acuerdo con el objeto de análisis.

Pues en nuestra mente ocurre lo mismo, si no somos capaces de diferenciar lo que es REAL de lo que creemos o de lo que se nos muestra como realidad en cualquier red social o marco de creencias, inevitablemente tomaremos decisiones inconvenientes para los resultados que queremos.

Lo más complicado es administrar nuestra ignorancia con inteligencia.

¿Qué quiere decir esto?

Que debemos reconocer que no podemos saber todo, que somos "medianamente competentes" en ciertas áreas del conocimiento y de la vida, pero siempre podemos aprender, desaprender y reaprender. Nuestra mente está diseñada para aprender hasta el último instante en que nuestro cerebro está activo.

La mente ignorante suele ser arrogante, asumiendo desde su oscuridad que sabe todo aquello que ignora, subestimando el conocimiento sistemático, las ciencias, las investigaciones.

La mente ignorante "no cultivada" habita en una oscuridad tal que no le permite siquiera reconocer su ignorancia.

Es ahí donde interviene la consciencia. La consciencia puede ser entrenada, tonificada, agilizada; permitiéndonos hacer contacto con la realidad de manera efectiva y eficiente, abriéndonos los senderos de la evolución personal. Al reconocer y aceptar que no sabemos algo, empezamos a aprender.

¿Cómo se entrena la consciencia?
La consciencia se entrena con el conocimiento y el autoconocimiento y es aquí donde entra la meditación como disciplina.

El Hábito de Meditar

Hay miles de formas de meditación, y todas son probablemente válidas en la medida que son útiles a quien las practica. Mientras el meditador entra en consciencia y desarrolla mayor capacidad para enfocarse, y obtener mejores resultados ante sus propias expectativas de vida, la practica meditativa es la apropiada.

De las distintas formas de meditación, la que me parece más accesible e inmediata para identificar la realidad es la conocida como "mindfulness", traducido en algunos sitios como "consciencia plena" y en otros contextos llamado "budismo occidental".

La meditación en mindfulness se fundamenta en la vivencia presente, el autodescubrimiento en ausencia de juicios y pensamientos "rumiantes", en el descubrimiento de cada instante como un nuevo comienzo "desde cero", la posibilidad del "aquí y ahora" y en el ejercicio constante de la consciencia en nuestra actividad diaria.

Esta práctica sistemática y disciplinada, no tarda mucho en mostrarnos nuestra esencia real y las realidades que habitamos, qué somos anatómica y mentalmente, qué creemos, qué queremos, qué tenemos, todo esto enmarcado en ESTE instante.

Al ser un ejercicio de consciencia, nos revela en cualquier momento las dicotomías y contradicciones que nos componen, las cosas que son y las que no son, lo que somos nosotros mismos y qué pretendemos ser, todo aquello que queremos imponer como nuestra razón sobre lo que en realidad ES.

Identificar, aceptar y respetar las cosas como son, no agotarnos en infértiles y banales discusiones, reconocer que cada uno de nosotros está en un punto distinto de su propia evolución y que no tenemos el derecho a invadir o aportar en aquellos espacios donde no se nos solicite participar.

Respetarnos y entendernos, comprendiendo que somos también ignorantes en la mayoría de los escenarios donde nos movemos, conocernos y reconocernos en cada momento, administrar nuestras respuestas y el silencio como alternativa entendiendo de manera más inmediata nuestros excesos, aceptándolos y haciendo las correcciones pertinentes.

Meditar en Mindfulness, nos acerca a nosotros mismos y a la vida, nos entrega la realidad, no deja espacio a los autoengaños por mucho tiempo.

Lo más complicado es administrar
nuestra ignorancia con inteligencia

Callar, Escuchar, Respetar

En un proceso científico o técnico, es necesario poder medir la exactitud de los componentes. Si queremos saber si un niño tiene fiebre, utilizaremos un termómetro y este termómetro debe haber sido calibrado apropiadamente, de ello se ha ocupado la fábrica que creó ese instrumento, cada termómetro nos dará una respuesta similar ante un mismo evento.

Estando conscientes de las variantes de la realidad, y cuántas versiones podemos crear de ella, no siempre es fácil identificar lo que es real de lo que no, lo que queremos que sea real, de lo que es en realidad.

Nuestra mente está continuamente procesando eventos reales, emociones, creaciones, fantasías, ideas, en fin, pensamientos que en su espacio neural son lo mismo, impulsos eléctricos entre las neuronas activándose permanentemente para llevarnos a acciones que producen efectos en nuestro entorno y un nunca acabar de estímulos y respuestas entre seres vivos.

Como proceso continuo, nuestra mente se balancea entre las emociones, los pensamientos, los estímulos y sus respuestas, lo que creemos de una situación, lo que interpretamos de un evento, nuestros prejuicios y finalmente respondemos con acciones.

Acercarnos a la exactitud de una situación no es fácil considerando todos los factores antes enumerados, acercarnos a nuestra propia dimensión, quiénes o qué somos (si es que somos algo susceptible a definir en variables discretas) es aún más difícil pues tenemos imperativamente un sesgo a nuestro favor, un tamiz natural que sutilmente ocultará algunas de nuestras características y destacará lo que nos parezca más "digno".

Al igual que un proceso científico, disponemos de los recursos y elementos de calibración para acercarnos a la realidad de una manera más apropiada, para descubrir el tamiz de nuestra imagen, para reconocer y aceptar nuestras características como seres humanos, como animales, como seres sociales, para vernos sin defectos, pero con características innatas o aprendidas que nos hacen responder de una manera u otra a las distintas situaciones.

Todo está en nuestra mente, a veces aglutinado y confundido por la concurrencia infinita de pensamientos.

El medio para acceder nuestra mente es LA MEDITACIÓN.

L.I.R. El Algoritmo de evolución

Vivimos en la era de los algoritmos. Según el diccionario de la lengua española se define como algoritmo:

"Conjunto ordenado y finito de operaciones que permite hallar la solución de un problema.

Los Algoritmos son la base de la evolución del pensamiento. En cuanto pudimos sistematizar las soluciones de una manera estructurada y repetida empezamos a evolucionar más allá de nuestra naturaleza animal.

El algoritmo más elemental para nuestro aprendizaje es que yo he denominado L.I.R por sus siglas en inglés LEARN, IMPROVE, REPEAT que significa APRENDER, MEJORAR, REPETIR, y es también una de las bases para las inteligencias artificiales y las "máquinas que aprenden".

Casi todas las tareas que realizamos pueden ser aprendidas y mejoradas usando este algoritmo básico.

La vida actual demanda de nosotros una velocidad que a veces no tiene sentido, aunque se comprende que la rapidez en la toma de decisiones en un momento dado puede significar la perdida de una oportunidad al igual que el animal debe actuar rápido para comer o el hombre primitivo tuvo que actuar para cazar y alimentarse.

La práctica repetitiva y consciente de una destreza aprendida nos otorga la velocidad que necesitamos en la realización de cualquier tarea.

La repetición sistemática y consciente de una tarea se va sedimentando en nuestro pensamiento y nuestro cuerpo. Cuando ensayamos una coreografía, una frase, una operación matemática o cualquier componente de un proceso, refinamos cada movimiento y lo hacemos parte de nosotros.

Iniciar SIMPLE, Mejorar progresivamente.

Cada proceso debe iniciarse de la manera más SIMPLE posible, evite añadir complejidad al aprender nuevas destrezas. Esto aplica también en tareas elementales, al principio podemos creer que las sabemos, hagamos una revisión MINUSIOSA de la tarea hasta su más elemental componente.

Hágalo sin prisa, sin agotamiento, con persistencia y tenacidad.

Disponga de breves sesiones de trabajo con la certeza de que cada componente está en su lugar o está tomando su posición.

Cada iteración consciente nos revelará puntos a mejorar, enfoquemos en cada punto y cada vez se nos mostrarán nuevos puntos de atención.

NO EXISTE PERFECCIÓN en
NINGUNA tarea humana.

SI EXISTE LO MEJOR POSIBLE.
Para cada uno, con sus aptitudes, recursos y
tiempo.

La búsqueda en solitario de la perfección puede paralizarnos y frustrarnos, necesitamos TUTORÍA, apoyo y REFERENTES para mejorar una tarea.

Esto también aplica para los pensamientos.

APRENDER a interactuar con nuestros pensamientos y utilizar nuestra mente para mantener nuestra consciencia activa e identificar continuamente cómo cada uno de nosotros procesa los estímulos externos e internos.

MEJORAR cada contacto con nuestra mente, cada encuentro con nuestros pensamientos sin ser atrapados por ellos, contemplando de qué manera se entretejen entre si las ideas, y cómo nuestra mente es capaz de conectar una idea con otra. Identificar cuando un pensamiento levanta una emoción y cuando la emoción toma el control de nuestros pensamientos al igual que cuándo este juego se hace un proceso recursivo.

REPETIR infinitamente nuestro contacto interno, refinar conscientemente cada sensor de nuestro ser para ser capaces de encontrar nuestra identidad y nuestra exclusiva combinación de conocimiento, emociones y pensamientos para construirnos continuamente ante las situaciones cotidianas que la REALIDAD nos propone.

Cuando repetimos diálogos internos sin análisis, basados en creencias (Realidad Alterada) o emociones, conformamos estructuras desde las cuales tratamos de entender la vida, nuestra presencia y existencia. Esto no necesariamente nos acerca a la realidad, pero muchas veces nos consuela y otorga esperanza, ilusión y encanto, lo cual es por demás válido en la tarea de vivir, pero no nos ayuda en nuestro acercamiento a la realidad.

Usted no tiene que creerme.
A los fines de este manual, le invito a practicar sistemáticamente el algoritmo L.I.R y evalúe si este le funciona o no.

Desde este punto en adelante, encontrará reseñas de MINDFULNESS como eje para mejorar continuamente nuestra relación con la realidad.

Es importante comprender que todo proceso requiere disciplina y práctica.

Mi recomendación es utilizar el Algoritmo básico L.I.R "LEARN, IMPROVE, REPEAT" antes descrito, que significa "APRENDER, MEJORAR, REPETIR".

La aplicación sistemática de este algoritmo nos garantiza la evolución en cualquier actividad que se nos proponga.

Ejercicio número uno: Contacto.

Aunque no es exactamente una meditación, nuestros primeros pasos deben ser conocer nuestro cuerpo como dispositivo de acceso a la realidad, los sentidos, las percepciones, las sensaciones. Este ejercicio nos sensibiliza a la REALIDAD ORGÁNICA.

1. Disponga de un dispositivo para medir el tiempo (puede ser su teléfono inteligente, un reloj despertador o un metrónomo), y establezca cinco minutos en un "timer" o cronómetro. Sería útil servirnos de alguna aplicación para meditar, de esta manera iniciará su proceso en familiarizarse con los instrumentos que necesita para crear su rutina de meditación.

2. Disponga de un lugar en el cual pueda sentarse sin ser interrumpido y donde el silencio le permita

oír su entorno y también su respiración y sus propios ruidos. Pruebe este sitio y si le es conveniente establézcalo como el sitio para meditar.

3. Al momento de iniciar este ejercicio activando el cronómetro con algún sonido (o la aplicación), y mientras realiza esta tarea: olvídese del dispositivo (pero no de su finalidad). La función de este dispositivo es delimitar el tiempo que estamos dedicando a esta tarea y además dejar en evidencia la relatividad del tiempo ante los caprichos de nuestra mente. A veces nos parecerá que los cinco minutos fueron eternos y en otras oportunidades nos parecerán muy breves.

4. Con sus manos inicie un lento recorrido por su cabeza, toque su pelo o su piel, su rostro, sus ojos, sus mejillas, sus orejas, sienta su temperatura, escuche sus manos tocar sus orejas, ¿cómo suena?; toque su quijada, su boca, y mientras lo hace, preste atención a sus manos. ¿Qué sienten sus manos al tocar?, la interacción de sus manos y su rostro es biunívoca, en ambos sentidos, desde las manos hacia su cuerpo y desde su cuerpo hacia sus manos. Sienta su rostro como nunca lo ha sentido, descúbrase. Cuando encuentre un punto de interés, enfóquese en ese punto y momento, perciba todo lo que pueda percibir, y siga este ejercicio hasta que el cronómetro indique que terminó el tiempo.

5. Descubrirnos en lo cotidiano, en lo "elemental" requiere iniciar un proceso CONSCIENTE de lo

que estamos haciendo y sintiendo, así como de la INTENCIÓN que nos mueve y de traer a la razón cada cosa que encontramos en nosotros. Nuestro contacto con el rostro, nuestra cabeza, es en este ejercicio nuestro referente REAL y el puente a la Realidad orgánica.

La Realidad Orgánica, percibida por nuestros sentidos, es también interpretada por nuestra mente, y traducida a conceptos y/o experiencias ya vividas para construir el escenario actual. Nuestro Objetivo es diferenciar claramente la función mecánica de la interpretación o significado que cada estímulo entrega a cada dispositivo sensorial y lo que ello implica en nuestra mente.

Este ejercicio es PRAGMÁTICO.

NO ES UN ACTO de IMAGINACIÓN.

1. Iniciemos una sesión de cinco minutos con nuestro "timer"

2. Enfoquemos nuestra atención en nuestra nariz y su participación en el proceso respiratorio.

- ¿Podemos respirar sin oler?

- ¿Qué olores nos circundan en este momento?

- ¿Qué diferencia hay entre enfocarnos en la respiración o enfocarnos en el olor que la acompaña?

- ¿Qué temperatura tiene el aire?,

- ¿Cómo suena el aire al entrar en nuestro sistema?

3. Movamos nuestro foco de atención a nuestros oídos.

- ¿Qué sonidos nos rodean?

- ¿Hay sonidos desde dentro de nosotros?

- ¿Qué significado tienen los sonidos?

- Cuando OÍMOS una palabra, ¿tiene algún significado?

- ¿Podemos escuchar nuestra respiración?

- ¿Podemos escuchar los latidos de nuestro corazón?

  - ¿Cada latido es igual al anterior?

4. Movamos nuestro foco de atención a nuestros ojos.

- ¿Podemos ver sin interpretar lo que vemos?

- Observe un letrero, ¿puede verlo sin leerlo?

- Cierre sus ojos, ¿Puede ver algo al cerrar sus ojos?

5. Movamos nuestro foco de atención a nuestra boca.

- ¿Tiene la boca cerrada o abierta?

- ¿Qué sabor está presente en su boca en este instante?

- ¿Su saliva tiene algún sabor?

- ¿En qué posición está su lengua en este instante?

  - ¿Qué temperatura tiene su boca?

6. Movamos nuestro foco de atención a nuestras manos.

- ¿Qué temperatura tienen?

- ¿Están secas?

- ¿Podemos sentir el espacio entre los dedos?

- ¿Podemos sentir el aire en nuestras manos?

- ¿Se siente igual en las palmas de las manos que en el dorso de estas?

Ahora, juegue libremente con sus precepciones y sus sensaciones, diferenciando cada una en distintas situaciones de su día a día.

La consciencia también se tonifica.

¿Qué significa esto?, significa que nuestra consciencia es modificable y como puente entre nuestra mente y la realidad, es importante sensibilizarla a los cambios continuos que nos envuelven.

¿Cuántas veces se detiene usted a testificar su propia respiración?

Si disponemos del tiempo y curiosidad, podemos iniciar el camino de reconocer nuestro proceso respiratorio paso por paso, etapa por etapa.

La respiración consciente es posiblemente el eslabón común a casi todas las disciplinas de meditación, la razón es simple, es el pilar fundamental de la vida, ningún otro proceso de vida existe si dejamos de respirar, además, nunca se detiene. Es un recurso físico que siempre nos acompaña y se adapta a las distintas demandas de nuestro cuerpo.

Respirar conscientemente es hacer contacto por un tiempo determinado con el flujo de aire que nos rodea y que penetra en nuestro cuerpo por nuestra nariz, para darnos vida. Un proceso mecánico, donde nuestro diafragma armónicamente desciende para absorber el aire que rodea nuestras fosas nasales, permitiendo que transite por nuestra cabeza, garganta, tráquea, hasta acceder los pulmones, donde ellos se encargarán de absorber oxígeno y liberar dióxido de carbono.

Aun en nuestro estado más relajado, podemos descubrir como la respiración varía y no es simplemente un bombeo de aire dentro-fuera es un ritmo variando de acuerdo con nuestras necesidades, una fuente de tranquilidad, un proceso de protección y regeneración celular.
Respirar es un punto magnífico de atención, a la vez que una inagotable fuente de aprendizaje y un espacio al cual recurrir cuando nuestras emociones nos invaden, cuando reaccionar es la única respuesta que hemos aprendido, cuando queremos desarrollar la capacidad de responder y "sobre responder" a la vida.

En el capítulo anterior, hicimos el ejercicio de desplazar nuestro foco de atención hacia nuestros sentidos, de una manera informal y superficial. A partir de este momento, iniciaremos nuestro aprendizaje en meditar.

Existen miles de formas de meditar, todas están relacionadas con nuestra mente interactuando con algo.

Existe la creencia de que meditar es poner la mente en blanco y esta creencia crea una barrera conceptual que intimida y desanima a la mayoría de las personas.

Nuestra mente existe para pensar.

Los pensamientos NO se detienen en una persona sana, son tan impermanentes como la vida misma y pretender "apagar" los pensamientos es una fantasía.

Lo que si podemos aprender es a interactuar con nuestros pensamientos de manera distinta, comprendiendo que nuestra mente es capaz de desarrollar una "meta consciencia" que nos permite pensar sobre los pensamientos, aprender a identificarlos, reconocer cuando y como se levantan pensamientos estimulantes, relajantes, serenos y también los que nos excitan, asustan o deprimen.

Nuestra mente es más hábil que lo que normalmente estamos entrenados a entender. Nuestra mente se relaciona con nuestras emociones y nuestro cuerpo y ellos en conjunto pueden jugar con nuestra existencia y con nuestra cotidianidad: con nuestra vida.
Hay espacios en nuestra mente donde cohabitan el placer y el malestar y aún peor, nos vamos acostumbrando a habitar ese espacio y nos sentimos tan cómodos allí que nuestros pensamientos tienden a permanecer en ese espacio, eso es lo que llaman la zona de confort.

La zona de confort NO solo es un espacio donde nos relajamos y divertimos, es el espacio donde nuestra mente, nuestros pensamientos están habituados a estar porque allí "sabemos qué hacer".

Si nos hemos habituado a estar tristes, será el espacio de tristeza el lugar preferente para nuestra mente, porque allí sabe cómo comportarse, sabe hacia dónde va y qué puede pasar. Movernos a otro escenario es equivalente a mudarnos a otra ciudad, donde no estamos acostumbrados a estar, y tenemos que aprenderla, conocer las direcciones, los atajos, el clima.
En nuestra mente pasa lo mismo, nos sentimos incómodos conociendo algunos estilos de pensar diferentes a los que aprendimos en nuestra vida. No es sencillo exponernos a otras facetas de nosotros mismos aceptarnos con nuestros

defectos, encontrar nuestras peores partes, verlas de cerca aceptarlas y descubrir que no son tan "peores" como creímos, y luego conocernos integralmente, saber de que tamaño es la muleta que necesitamos y de esa manera ir más lejos de una manera más estable y conveniente.

Todo ese escenario se abre entrenando la respiración consciente.

Busque un lugar cómodo, seguro, donde pueda estar tranquilo y sin interrupciones. En este instante se inicia una reunión de usted con usted, y merece toda su atención.

Siéntese en una silla con espaldar, suficientemente baja para que sus pies toquen el suelo y sus articulaciones hagan ángulos de 90 grados.

- Sus pies en 90 grados respecto a su tibia.
- Su tibia en 90 grados respecto a su fémur
- Sus fémures en 90 grados respecto a su tronco
- Su espalda DEBE estar separada del Respaldo de la silla, su pecho erguido y distendido.
- Sus hombros relajados
- Coloque sus manos sobre sus rodillas y evite cualquier tensión.
- Cierre sus ojos y respire normalmente.

Iniciemos una sesión de cinco minutos con nuestro "timer"

1. Enfoquemos nuestra atención en la respiración, sin alterarla, simplemente respire y ponga toda su atención en respirar. Trate de responderse las siguientes preguntas:

   a. ¿Qué tan profunda es su respiración en este instante?

   b. ¿Qué tan rápida o lenta es?

   c. Siga el curso del aire

d. ¿Cómo se siente en su nariz al entrar el aire?

e. ¿cómo siente el aire en la parte posterior de su nariz?

f. ¿puede sentir el aire transitar por su garganta?

g. ¿Qué partes de su cuerpo se modifican al recibir el aire?

2. Al escuchar su "timer" de culminación tómese el tiempo para sentir su bienestar.

3. Abra los ojos

4. Continúe su vida.

El pensamiento también se presenta de distintas maneras, y basta con detenernos un instante: "Este Instante", y contemplar qué estamos pensando y más aún cómo.

- ¿Estamos reflexionando sobre algo que nos ocurrió?
- ¿Nos estamos culpando porque algo no fue como lo esperábamos?
- ¿estamos planeando nuestra nueva acción?
- ¿estamos rumiando ideas?
- ¿estamos creando alguna solución para un problema?
- ¿estamos conjugando emociones y despertando sensaciones desde nuestros pensamientos?

Normalmente todas estas opciones cohabitan en nuestra mente junto con otras tantas que se nos puedan ocurrir, ese es el objetivo de nuestra mente: crear pensamientos.

Cuando empezamos a conocernos, descubrimos que nuestra mente no es un monolito invariable y que de un momento a otro nuestra forma de asumir cada circunstancia puede ser totalmente diferente, especialmente cuando carecemos de hábitos que enmarquen nuestras acciones y creen una rutina.

Nuestro cerebro también responde a los elementos químicos que gobiernan la naturaleza, y esto lo podemos evidenciar cuando tomamos decisiones bajo el apremio de alguna necesidad biológica, como hambre o sed.

Nuestros pensamientos gobiernan nuestra vida, porque normalmente conducen a acciones y nuestras acciones son la evidencia de nuestra vida.

Las emociones son pensamientos estructurados y producen cambios en la química de nuestro cuerpo y viceversa, la química de nuestro cuerpo modifica nuestros pensamientos.

Lo importante es que actuamos bajo la inducción de nuestros pensamientos y emociones, esto determina nuestras acciones, reacciones y sobre-reacciones con sus consecuencias.

Es común escuchar la frase: Meditar no es controlar nuestras emociones (o pensamientos) sino evitar que estos controlen nuestra vida de manera inconsciente.

A eso hay que agregar: Meditar NO es pensar, es una forma de interactuar con los pensamientos, las emociones, las sensaciones, en general con lo que constituye nuestra vida, no es responder o reaccionar a lo que nos ocurre o pensamos, es descubrir cómo nuestra capacidad mental es capaz de administrar nuestra "unicidad" como seres humanos para dar respuesta, es descubrirnos desde dentro, aceptando cómo somos, cómo sentimos, cómo estamos acostumbrados a responder, es descubrir nuestras respuestas naturales y desde la consciencia regularlas, adecuarlas al contexto y armonizar con el escenario en que estamos.

Meditar es el sendero por recorrer en la búsqueda de sabiduría y sabiduría no es saber todo, es administrar nuestras respuestas de manera proporcional y conveniente a cada situación, conociéndonos mejor y evolucionando.

Hay millones de estilos de meditación y ninguno es mejor o peor que el otro, es una gran ventaja poder descubrir cual podemos usar de la manera más conveniente para nuestro crecimiento. Lo importante es estar conscientes de que meditar NO es pensar, aunque el pensamiento esté presente, esta tarea puede NO ser tan sencilla, pero tampoco es inalcanzable.

En el desarrollo de nuestra relación con la realidad y sus variantes, meditar es un factor imprescindible. Yo prefiero usar el mindfulness como el eje principal de este sendero por su simplicidad y adecuación con los tiempos que vivimos.

Los siguientes puntos constituyen los fundamentos de Mindfulness y forman parte de un taller de 30 días que ha abierto los sentidos a muchas personas.

AUSENCIA DE JUICIOS

Nuestra cultura nos ha impuesto de una manera u otra una infatigable capacidad para juzgarnos y juzgar nuestras acciones u omisiones. Es fácil sentirnos culpables de cualquier cosa, todo de acuerdo con lo que hemos aprendido o consideramos correcto o incorrecto.

Para poder establecer el fiel de la balanza, necesitamos aprender a percibir las cosas como son sin juicio alguno. Luego veremos como esto se relaciona con la aceptación.

¿Podemos contemplar algo sin armar una valoración? ¿Es bonito, feo, alto bajo, se parece a algo que conocemos?

Considere estas preguntas durante su quehacer diario, practique la omisión de juicios a las cosas y luego extienda esta práctica hacia las personas que le rodean y hacia usted mismo.

Durante el proceso descubrirá los elementos sobre los que se cimientan sus juicios y prejuicios e incursionará en la severidad con que los aplica a si mismo. Cuando llegue ese momento deténgase, respire sereno y reconozca que puede auto contemplarse sin juzgarse, como quien contempla un árbol, la lluvia o cualquier elemento de la naturaleza.

Como individuos: - No hay bien ni mal -.

CULTIVAR LA PACIENCIA

¿Ha sembrado alguna planta?

¿Cómo se siente cuando coloca la semilla en un área fértil?

¿Pretende usted ver la planta de manera inmediata?

Nuestras acciones producen respuestas, muchas veces tenemos la oportunidad de ver el producto de nuestras acciones, otras veces no estamos ni siquiera cercanos a verlo.

¿Cómo es su relación con el tiempo? ¿Se siente agobiado ante su inclemente acción?

La paciencia es nuestra capacidad para esperar resultados de alguna acción.

Los resultados son el producto de una acción y un proceso, los procesos requieren tiempo.

Vivir toma tiempo.

DESARROLLAR LA MENTE DEL PRINCIPIANTE

¿Recuerda usted el primer día de colegio?
¿Cómo olía el salón de clases? ¿Cómo era la voz de su maestra?

¿Recuerda usted el primer caramelo que comió? ¿Hay algún sabor en su memoria que se reconstruya "intacto" cuando lo encuentra de nuevo y que al mismo momento le regale la vívida presencia de su primer contacto?

Tenemos la capacidad de construir momentos nuevos aún viviendo la rutina diaria. Nunca se repite la misma experiencia si somos capaces de percibir las variantes del instante.

La ruta al trabajo parece la misma cada día, nuestra imagen ante el espejo parece la misma que ayer, sin embargo, cada escenario e imagen cambia continuamente sin que nosotros nos permitamos apreciarlo, redescubrirlo, disfrutarlo.

Es importante sensibilizarnos a las variantes que se nos presentan en cada momento, es importante brindarnos la oportunidad de visitar nuestros sitios cotidianos con la curiosidad de un niño que mira las cosas por primera vez.

ESTIMULAR LA CONFIANZA

El hecho que usted esté leyendo este libro, es una evidencia de sus aptitudes, su curiosidad, su necesidad de contrastar ideas, cuestionarlas y evolucionar.

Usted es evidencia de vida y aprendizaje.

A lo largo de su vida ha resuelto diferentes situaciones con lo mejor de sí, y mientras viva seguirá resolviendo nuevas experiencias con lo aprendido.
Las experiencias menos acertadas, más complejas y demandantes serán siempre las que más nos enseñen, las más sólidamente establecidas en nuestra reserva de recursos ante la vida.

Cada momento pasa, la Impermanencia es una verdad absoluta, compañera del tiempo.

Confiar en nosotros y en las cosas que sabemos, confiar también en nuestra capacidad de resolver situaciones desconocidas, prepararnos responsablemente cada día, adquirir destrezas, disciplina, desarrollar nuevos hábitos, aprender a evolucionar.

Mucho se habla de la zona de confort y de la necesidad de salir de ella continuamente, pero la zona de confort no es solamente un espacio en que nos sentimos pasivamente seguros, puede ser un espacio donde nuestra mente se siente cómoda en la inconveniencia, esto es, como si nuestro pié estuviese adaptado a un zapato deforme y con esa deformidad estuviésemos acostumbrados a caminar.

Poder quitarnos los zapatos, dar pasos lentos, reaprender y actuar nos llevará a la resolución de las situaciones y a la evolución personal.

Somos seres en evolución con nuevos retos y situaciones por resolver.

Todo pasará.

REALIDAD SIN AFÁN

Este documento tiene por objetivo despertar en nosotros la inquietud de atrevernos a ver la realidad bajo sus múltiples apariencias, en sus distintas instancias.

Hay cosas que podemos afectar y cosas que no podemos afectar. Poder distinguir unas de otras constituye nuestro reto diario, entrenar nuestros sentidos, nuestra consciencia nos revelará los puntos donde debemos tomar acción.

ACEPTACION

Aceptar no significa pasivamente resignarnos a las distintas situaciones de la vida.

Aceptar significa reconocer las situaciones desde nuestras limitaciones y desde ese punto tomar acción.

Al igual que usamos una escalera para acceder a espacios más allá de nuestro alcance físico, usamos nuestros sentidos y NUESTRA CONSCIENCIA para identificar las situaciones y obtener los recursos apropiados para resolverlas o dejarlas ir.

Aceptación desde la consciencia es el primer paso hacia la evolución.

DESAPEGO

Si todo es transitorio, nada es permanente, entrenar nuestra aptitud para dejar ir las cosas es uno de los recursos más valiosos en nuestra vida.

Hay fuertes factores culturales que nos desvinculan de esta destreza.

Mantenernos conectados con las situaciones bajo nuestras creencias nos impide aceptarlas de manera objetiva, y avanzar.

Emociones como la tristeza y la culpa, pretenden mantenernos conectados con momentos irrepetibles, como si pretendiésemos volver a ellos.

La recursividad de los pensamientos la reconstrucción en nuestra mente de la situación, la búsqueda infatigable de alternativas, nos llevan a sobre-pensar sobre situaciones inmutables.

Es un gran reto identificar los factores emocionales que nos impiden dejar ir las cosas.

Liberar nuestra mente de rumiar las situaciones complejas de nuestro pasado no lo borra, no le resta importancia. Lo hace real, aceptable, nuestra historia, parte clave de nuestra evolución.

Dejar ir levanta las anclas que nos impiden avanzar.

Hemos compartido puntos de vista hacia la realidad, y el fin único de este documento es sensibilizarnos a las distintas fuentes de datos e información que invaden nuestra vida, facilitar el camino para enfocarnos de manera más conveniente en el mundo actual sobre estimulado e invadido por la tecnología.

Comprender que somos seres capaces de conectarnos con distintos ámbitos de vida nos permite desarrollar respuestas más convenientes y oportunas, a la vez que nos permite aceptarnos para evolucionar.

La realidad desde el macrocosmos al microcosmos es tan amplia y compleja que nos conviene ser capaces de digerirla parcelada identificando dónde y cómo nos afecta o la afectamos.

Sirva este trabajo de invitación a abrir nuestros sentidos y vivir realmente.

La realidad es a la mente, lo que la playa
es al mar.

Armando Aguirre.

Se desarrolló profesionalmente en el área de tecnologías de información, trabajando en proyectos y desarrollando políticas de soporte técnico en informática en distintas plataformas de software.
Ha compartido su vida profesional con actividades relacionadas con el arte y la música, combinando la gerencia de proyectos con la producción musical.
Actualmente se ocupa de desarrollar programas de adiestramiento y coaching en informática, meditación y mindfulness ejecutivo, a fin de lograr balance entre las demandas gerenciales y el crecimiento personal usando la meditación mindfulness como proceso permanente de valoración de la realidad.
Participa continuamente en distintas experiencias de meditación en los Estados Unidos.

"Me enfrento a mí mismo como el verdadero ser humano que soy y la mejor persona que puedo ser".

La realidad es el nivel más elevado de la consciencia y su meta final.